神饌

SHINSEN

供えるこころ

奈良大和路の祭りと人

〔写真〕野本暉房
〔文〕倉橋みどり
〔序〕鹿谷　勲

淡交社

序—神饌と人

鹿谷　勲

紀伊半島中心部にある日本一の大きな村、十津川村。その南西部に上湯川という集落がある。かつて、この地に縁のある知人に誘われて、ご家族と一緒に秋祭りに行ったことがある。十一月末の肌寒い頃だった。川原近くの大谷神社には大きな幟《のぼり》が何本も立ち、集落の人々が集まっていた。祭典が済むと早速大きなドラム缶に火が焚かれ、その上に鉄板を乗せ、さっきまで神前に供えられていた魚が焼かれる。境内の片隅の小屋の中に設けられたカマドで大きな鍋に湯を沸かし、大きな薬罐に入れたお酒を温め、さっそく賑やかな直会《なおらい》が始まった。鮎のナレズシやサンマズシなど自慢の料理を持ち寄り、境内のあちこちで話が弾んでいた。お供え物を上げるのをオマス、下げるのをタバルという。特別な行事や芸能が行われるわけではなかったが、タバッたものをみんなでいただき、こんなに和やかで楽しい村祭りを経験したのは初めてだった。晩秋の黄昏時、ほてった肌を刺すほど冷気が漂い始め、車道まで戻って神社の森を振り返ると、樹の頂きにたった一個だけ柿の実が

残っていた。キマツリ（木祭り）だという。翌年また実がなるようにとわざと残しておくのだという。

　奈良市の東方、笠置へ向かう途中に北村という集落がある。この地の秋祭りを覗いたこともある。ここではスモウまたはジンパイと呼ばれる神事相撲が奉納される。神主役と弓矢を持った者が見守るなか、平服のままで向き合って手を取り合い、声を掛け合って腕を振ったり、木の枝を切っただけの太刀を担いで、片方が「参った」と言って他方の背中を叩いたり、小さな矢で蓆《むしろ》の上に広げた扇を突き刺したりするもので、風変わりながら大変興味深い所作のスモウだった。氏神は戸隠神社で、大座・今座・新座（千座）という三つの宮座があり、境内にはそれぞれ簡素な座小屋を持っている。マツリの日には、座ごとにモッソウや餅などを供えて祭典をする。供える様子を見ていると、鯖の尻尾に縄をつけて、神殿の柱からそのままぶら下げている。終わると座ごとに直会が始まる。座小屋にはカマド付きの所もあり、ここで蒲鉾入りの醤油仕立ての汁をいただいたが、大変美味しかった。そうこうするうちに、誰かが「もう神さん食べはったやろ」と声をあげ、人々は供え物を下げ始めた。一般の祭典では、修祓《しゅばつ》、献饌《けんせん》、祝詞《のりと》奏上、玉串奉奠《ほうてん》と続くと直ちに撤饌《てっせん》となり、お供え物はすぐ下げられ

るのが普通で、神も人もしばらく一緒に飲み食いするこのやり方を見て、私はなるほどと思った。

　同じ頃、北村の東方、柳生の南にあたる大保の氏神で、朝から祭りの準備をする場に居合わせたことがある。人々が社務所に集まるとさっそくジャコなどを肴に湯飲み茶碗で酒を飲み始めた。軽く一、二杯飲むだけだというが、準備の後、お祭りをし、終わればまた直会で飲むことになる。酒好きな場所なのかと思うと、そうではなくこの習慣は付近でもあちこちで耳にした。こうして飲むのをシモケシという。冬の霜を消すように少し飲んでから、準備にかかる。仏事で集まるときには飲まないというから、これは「清め」ということになる。酒でまず、自分の身体を清めてから、お供えや祭りの準備をする。終われば供えたものを下げて、神と人が共に食する。

　こうした習俗が深く根付いている大和の神饌の世界が、このたび一書にまとまることになった。神饌に関しては、民俗学者岩井宏實と日和祐樹の両氏が、畿内四十四社の祭礼調査を行った『神饌　神と人との饗宴』(同朋社出版　1981／のち同名で法政大学出版局から再刊)などいろいろな書籍があるが、スロベニア出身の写真家とアメリカの人類学者によ

る写真集 Gorazd Vilhar, Charlotte Anderson, *GRACIOUS GIFTS Japan's Sacred Offerings* (Shufunotomo Co., Ltd., 1991. 訳せば『優雅な贈り物—日本の聖なる供物—』)は、日本人が見逃すお供え物の場面を平明に捉えており、大変新鮮かつ刺激的だった。

　今回の企画は、奈良県内を縦横に巡り、無数の場面から息をのむような一瞬の民俗を精力的に切り取り続けてきた野本暉房氏と同氏の写真を扱ってきた編集者でライターの倉橋みどり氏による成果である。枡型などに入れて成形したお供えの飯をキョウと呼ぶが、それはまさに神への「饗応」である。一年の平穏無事、年穀の豊穣、家族の安泰のために、土地の神々に対して心からの「饗応」を長い年月続けてきた大和の人々とお供え物が、色や形、舞・音・命、火・水、さらに調製と直会のよろこびという独自の構成で、生き生きと捉えられており、先の外国人による写真集に劣らず大変興味深い。

　急激に変転する現代社会において、大和の神饌と人の世界を巡る美しく新しい成果を紐解きながら、積み重ねられた民俗の意味を、改めて考えてみる必要があるだろう。

(奈良民俗文化研究所　代表)

神饌　供えるこころ❖目次

※本書に記載の内容は二〇一八年一月時点のものです。
※本書における神社の名称は原則として宗教法人名とし、一般に流布している呼称としているものもあります。
※本書における祭事、行事名は必ずしも正式とは限らず、一般に親しまれている通称名の場合もあります。
※本書における各祭事の表記は、一部の例外を除き、〝まつり〟と呼称する場合は「祭り」、〝さい〟と呼称する場合は「祭」としています。

［巻頭頁写真］
扉　国津神社・ふる祭り（奈良市）
序　大和神社・ちゃんちゃん祭り（天理市）
　　国見神社・秋祭り（御所市）
8頁　大神神社・酒まつり（桜井市）

神饌の世界へのいざない

祭りで、神様にお供えする食べものを「神饌《しんせん》」と呼びます。水、酒、塩、米、餅などが代表的なものですが、奈良大和路に残る祭りでは、それぞれに特色のある食べものを神饌とし、独特な作法でお供えするところが少なくありません。そこには大和の祭事の歴史と魅力はもちろん、その土地の方々の祭りに対する思いが色濃く感じられます。

今回、その神饌をテーマに選び、長年にわたって奈良大和路の伝統行事をこまめに訪れ、ていねいに撮影してこられた野本暉房さんの写真を通して、どのような神饌が供えられるのかを中心に据えながら、地元の方々による神饌の準備が整うまでの様子や、祭りでの人々の表情などを合わせて紹介できればと思います。

本書を通し、奈良大和路の祭りに今も息づく古代の気配と、守り伝えてきた地元の方々の熱い思い、そして奈良大和路の魅力を感じていただけることを願っています。

倉橋みどり

［第1章］神饌の色色

奈良大和路の神饌は
実にカラフルだ。
米や餅を明るい赤、黄、緑、
さらに紫や黒…などで染めたもの、
また、自然からの恵みである
野菜や果物、魚、そして、
花や枝などの色もまた美しい。
それらのすべての色があるからこそ、
清浄なる白がよりいっそう
引き立って見えるのだろう。

談山《たんざん》神社 嘉吉祭《かきつさい》 百味の御食（ひゃくみのおんじき） 果実盛

祭りが行われる10月初旬に手に入る野の幸、山の幸、米、餅、魚などを集め、美しく飾って供える。写真は果実盛と呼ばれるもの。〔桜井市多武峰（とうのみね）〕

嘉吉祭　百味の御食　和稲(にぎしね)

1台につき、米約3,000粒を使う和稲(にぎしね)。四色に染め分けた米を一粒一粒貼り付けて作る。上部に羽のように飛び出しているのは家の垂木(たるき)を表し、上に反らせて繁栄を願う意がこめられているといい、薄切りにした餅を、赤、緑、黒、黄色に染め、五色にする

秋の実りをお供えする

～談山神社・嘉吉祭　百味の御食

談山神社の創建は飛鳥時代。中大兄皇子と中臣鎌足が大化の改新前夜に相談をしたことから「談《かたら》い山」とも呼ばれる多武峰《とうのみね》に寄り添うように建つ。もとは鎌足の長男・定慧が父の追善のために十三重塔を建立。諸堂を加えた妙楽寺であったが、大宝元年（七〇一）には神殿（聖霊院）も創建され、藤原の姓を賜った鎌足公の御神像を安置する神仏習合の地となった。

平安時代ごろから、藤原一門からの崇敬をますます集めるようになり、世に変事が起こると、この鎌足像の上半身は破裂し、山が鳴動するようになった。

室町時代、南北朝合一の後、南朝の遺臣が多武峰を拠点に兵を挙げるという事件が起こった。これを鎮圧する足利幕府の兵火を避け、神霊である鎌足像は明日香の橘寺に一時移されることとなった。

嘉吉元年（一四四一）八月、神霊は三年の月日を経て多武峰へと戻された。さらに二十四年後の寛正六年（一四六五）より、嘉吉元年の神霊奉還の日に祭礼が営まれることとなった。これが、奉還の年号がそのまま祭礼の名称となった嘉吉祭の始まりである。

八月に行われていた例祭だが、新暦になってからは十月十一日となり、現在は十月の第二日曜に行われる。

この嘉吉祭に供えられる神饌を百味の御食と呼ぶ。明治以前は、五十の神饌が二組。文字通り百台のお供えが準備されたという。そのすべてが、いまも神職と氏子の手によって誂《あつら》えられている（「百味の御食」制作の様子は一〇二頁より）。

嘉吉祭では神饌の最初に「無垢人（むくびと）」と呼ばれる人形と、鶏頭の花が献じられる

上・藤原鎌足公を祀る本殿に供えられた百味の御食

下・百味の御食は、祭礼が終わると拝殿に飾り披露される。一部は、翌年の祭りまで拝殿で見ることができる

嘉吉祭 百味の御食 **荒稲(あらしね)・倉餅・蒸御供**

荒稲(写真上)は別名「毛御供(けごく)」とも。禾(のぎ)の長い品種の古代米を一粒ずつ貼り付けて作る。写真下の一番右は、倉餅。四色に塗り分け、倉の屋根を表現しているという。真ん中は、「鎌足さんのお弁当」とも呼ばれる蒸御供。蒸したもち米が二升分入っている

祭りの日、神饌１台ずつが、稲などを奉納した関係者や氏子から神官へ手から手に渡され、本殿まで運ばれる。皆さん、緊張の中にも誇らしげな表情だ。右写真はカエデの枝にトンボと呼ばれる団扇をつけたもので、カエデの種の形を模しているという

神饌の色いろいろ

上・三柱《みはしら》神社　宮講祭

古来、宮中で食べ物を取り仕切る官人をカシワテと呼んだ。橿原市膳夫(かしわて)はカシワテが住んでいた地という。宮座行事の神饌は、野菜、豆、穀類を100種類以上そろえる豪華なもの。地名の由来にいかにもふさわしい。〔橿原市膳夫町〕

左頁上・八幡神社　秋祭り

重ね餅、酒、洗い米、塩、タイに続き、ダイコン、ミョウガ、ゴボウなどの野菜、ブドウ、柿などの果物など20種類以上が七垣内の当屋の数だけ準備される。〔川西町下永〕

左頁下・高山《たかやま》八幡宮　秋例祭

ゴボウ、ダイコン、エダマメ、サトイモ、マツタケなどの山の幸や、サバ、スルメ、コンブなどの海の幸も。米は３日かけて干飯にし、饗立(きょうだて)と呼ばれる菰草を三角柱形に巻いた器に入れる。〔生駒市高山町〕

平成弐拾参年拾月

八幡神社 例大祭 花御供

朱の社殿に五色の御幣が映える——。大安寺旧境内に鎮座する八幡神社の秋の祭りでは、宮座のある近隣の大安寺町、東九条町、八条町から、おのおの稚児を立てたお渡りがある。神饌には稲穂と御神酒(おみき)が棹で担われ運ばれるほか、各座ごとに彩り豊かな特殊神饌も数多く用意され、目を引く。〔奈良市東九条町〕

上・稚児を先頭に進むお渡りの行列
中・お渡りで担われてきた稲と御神酒
下・神饌の葉生姜

倭文《しずり》神社　蛇祭り　花御供

手のひらに乗るほどのかわいらしいお供え。粘土で作った高坏に盃、シオン、ナス、飯などを載せ、和紙で巻き、水引きを結ぶ。〔奈良市西九条町〕

八阪神社　当《とう》家《や》祭　桶入りの神饌

餅に刺した五色の御幣が目を引く。てっぺんにはミョウガ。お渡りで、若い女性が親族とともに運んでいく。〔奈良市山町〕

上・春日神社　申《さる》祭り　三宝盛

重ね餅で囲んだ中に、葉付き柑子と柿を盛る。〔山添村春日〕

下３点・八幡神社　秋祭り　飾り御供

右は大豆籠、左は花芋籠と呼ばれる。〔奈良市月ヶ瀬桃香野(ももがの)〕

左上・三宝大荒神　**夏祭り　すもも**

奈良三大荒神のひとつ。実ったばかりのすももを供えることから、この祭りは「すももの荒神さん」とも呼ばれる。〔橿原市小綱町〕

下・往馬《いこま》大社　**火祭り　ヒノゴク**

主な材料はヨシの葉。土台は亀の形で、もち米とうるち米を混ぜた蒸米が入っている。〔生駒市壱分町〕

右上・春日神社　**秋祭り　菊餅**

伊勢本街道沿いの土屋原では七ヶ郷の氏子により秋祭りが行われる。菊餅は、餅を７個入れた筒を菊で飾ったもの。来年の当家に渡され、当家は来年の祭日まで保存する。〔御杖村土屋原〕

神饌の色に込められた想い

神饌の色について考えるとき、まず意識しなくてはいけないのが陰陽五行の考え方であろう。すでに飛鳥時代には、中国から朝鮮半島を経由して日本に伝わった思想で、自然界にあるすべてのものは陰と陽のどちらかから生じ、また、木火土金水《もっかどごんすい》の五行から成るという考え方である。色については、青(緑)、赤、白、黒(紫)、黄の五色となる。

本書で紹介する神饌をみると、餅、米などを染めてから供える場合も多い。例えば談山神社・嘉吉祭の百味の御食のうち、「和稲《にぎしね》」と呼ばれるものは、白米を食紅を使って、赤、緑、黄色に染めてから、染めていない白米と合わせた四色を一粒一粒貼り付けて、模様を描き出していく。上部には、五色に染めた、長方形の餅をつける。これは家の垂木を表しているのだそうだ。また、「倉餅」という四角い餅は、赤、緑、黄、白の四色に染め分ける。これは、倉の屋根を表現しているといわれる。ここでは理由ははっきりわからないが、黒(紫)は使われない。

春日大社
春日若宮おん祭《まつり》　染御供(そめごく)
米を緑黄赤白に染め分ける。〔奈良市春日野町〕

談山神社
嘉吉祭　百味の御食・和稲(にぎしね)

その嘉吉祭でも餅、米とともに、秋に実る野菜や果物などを揃えて供え、その彩りの豊かさに目を奪われるが、膳夫《かしわて》三柱神社・宮講祭と下永八幡神社・秋祭りでも、染め分けた餅、米の色彩的な印象よりも、野菜や果物などの色のバリエーションのほうが目に飛びこんでくる。

　これは、名前も形状もとてもよく似ている倭恩智神社・シンカン祭りの七色の御供と東阿田八幡神社・秋祭りの七つ御膳についても同様だ。柿、ミカン、ナシ、ナツメ、ミョウガ、モモ、栗などに、青竹を削った串を刺してから里芋に一列に突き立てる。自然そのままの色合いは決して派手ではないのだが、青竹の緑色を添えることで、素朴な美しさが感じられる。

　山添春日神社・申祭りの三宝盛は、小餅、葉付きの柑子、柿という地元のものを豪快に盛っただけであるが、秋の実りに対する喜びと感謝の思いがダイレクトに伝わってくるような、明るい色の神饌である。

御杖《みつえ》神社　秋祭りの団子餅

〔御杖村神末（こうずえ）〕

門僕《かどふさ》神社　秋祭りの餅

〔曽爾村今井〕

［第2章］神饌のかたちの不思議

この章では、神饌をかたちから見てみたい。
まず、いくつかの祭りで見られる
人に模したと思われる御供を集めてみた。
そして、もうひとつ、神饌には欠かせないものである
米や餅などのさまざまなかたちも紹介する。
丸形の大小の組み合わせや、
ちぎったもの、長くのばしたもの…実にさまざまで、
興味がつきない。

倭文《しずり》神社　蛇祭り　人身御供

頭を頭芋で作り、胴は餅を３段に貼り付けてある。ズイキで作った、口を開けた蛇を添えて供える。４段、５段のものや、竹串にミョウガを刺したものなどもある。〔奈良市西九条町〕

スコを供える

奈良県内では、人身御供を作り、供える祭りがいくつかある。倭文《しずり》神社・蛇祭りの人身御供は、顔にへのへのもへじが書かれていて、人を模したものだと一目でわかる。

これに対し、門僕《かどふさ》神社・秋祭りのものは、芋茎《ずいき》を束ねた胴体に柿と丸餅を交互に刺し、頭に真っ赤な鶏頭の花を飾る。名前は頭、または頭蓋骨を意味するスコ。漢字では「頭甲」と書くのだという。地元では、鶏頭は、乙女の頭や髪飾りを表しているという説がある。そんな話を聞くと、遠い昔には、人を捧げる風習があったことに思いが及ぶ。

スコを供える祭りはほかにもある。ただし、名前は同じでもそれぞれデザインが違う。国津神社・ふる祭りのス

コは、松や梅、真っ赤な紅葉が頭を表し、胴体の部分からは、餅を間隔をとりながら刺した串が飛び出している。室生龍穴神社・秋祭りのスコは、蜜柑や栗などをひとつずつ刺した長い串を何本も土台に放射線状に飾り付けた不思議な形だ。

倭文神社　蛇祭り

昔、この村には年に一度大蛇に子どもを捧げる風習があったという。ある時、えらいお坊様が子どもの代わりに大蛇にわざと飲み込まれ、大蛇を腹の中から切り裂いて退治した。人の形に似せた人身御供の由来である。麦わらを束ねた胴体に、長方形の餅を串で刺し、ヒノキをかぶせる。十字に組んだ長い餅、ワカメ、サトイモに人の顔を書いたものを重ね、最後に御幣を突き立てる。年によって、「へのへのもへじ」だったり、さまざまに表情が違う。祭りでは神饌を抱えながら、行列を組んで町内を練る。神前にはひとつずつ、賑やかに受け渡して供える

門僕《かどふさ》神社　秋祭り　スコ

昔、人身御供となった若い女性の髪飾りをつけた頭という説、出陣に際し、舞っている女性の姿を表したという説などの他、稲を積み上げげた形という説もある。神前には、高さ70センチほどの頭甲が８台並ぶ。丸餅と柿の数や高さが少しずつ違うのは氏子８地区ごとに組み上げるためだ。〔曽爾村今井〕

裃(かみしも)姿の当屋が、榊の葉をくわえて頭甲を肩にのせ、扇持ちを従えて、「エイトー、エイトー」の掛け声とともに、社務所から本殿へと進んでいく

龍穴《りゅうけつ》神社　秋祭り　スコ

水の神・龍神を祀る同社の秋祭りでは、縁の深い室生寺からお渡りがあり、神饌のスコが運ばれる。長い串に餅や果物を刺し、大きな日の丸の扇がついた御幣を添えて供えられる。〔宇陀市室生〕

国津神社　ふる祭り　スコ

都祁（つげ）のゆったりとした風景の中、山高帽を被った宮座衆がお渡りする。３基あるスコはそれぞれ、松・梅・紅葉をてっぺんに飾る。秋の花も添えられ、華やかだ。〔奈良市都祁白石町〕

❖かたちの不思議

漢國《かんごう》神社　菖蒲祭 唐菓子(からがし)

米粉をこねて蒸し、餅状にした生地をゴマ油で揚げて餢飳(ブト)・二つ梅枝(フタツバイシ)・三つ梅枝・糫餅(マガリ)・結果(カイナワ)・捻頭(ムギカタ)・索餅(ムギナワ)の七種の唐菓子を神饌とする。〔奈良市漢国町〕

上・倭恩智《やまとおんち》神社　シンカン祭り　七色の御供

歴史は古いが名の由来は不詳というシンカン祭りの神饌。土台のイモに、７種類の果物、木の実などを竹串で刺していく七色の御供と荷い餅、杉皮餅を折敷に載せたものを10膳作る。この御供とよく似ているものが他の祭りにもあって興味深い。〔天理市海知町／制作の様子は108頁より〕

下・天一《てんいち》神社　鹿路(ろくろ)の綱掛式　御供

ここで供えられるものも、串で刺すものは、柿、栗、餅と種類は少ないが、形式が七色の御供、七つ御膳(左頁)とよく似ている。綱に掛けて供えられる。〔桜井市鹿路〕

八幡神社　**秋祭り　七つ御膳**

竹串で刺した御供を７膳作り、祭りの１週間前から１年間、本殿の屋根の上に供える。シンカン祭りの七色の御供(右頁上)などと、何故ここまで似ているのか実に不思議だ。〔五條市東阿田町〕

上・山口神社 **亥の子暴れ祭り 鉢巻飯**

子どもたちがお仮屋壊しや膳暴れ、灯消しなど、暴れるほどに豊作や子どもの成長が叶うという奇祭。赤飯を円錐形にし、藁で縛った鉢巻飯とそのままのモッソの、２つ１組にして盆に載せて供える。〔桜井市高田〕

下・奈良豆《ず》比《ひ》古《こ》神社 **神事相撲 角力(すもう)の餅**

有名な翁舞は宵宮に行われるが、本祭の夜には神事相撲が行われる。円錐形のモッソが供えられ、その年に生まれた子どもに授けられる。〔奈良市奈良阪町〕

上・高龗《たかおかみ》神社

女座(おなござ)　**オシゴク**

女性だけが参列するこの祭りでは、飯を升に詰めて写真のような形にし、境内の各所に供えられる。〔桜井市北白木〕

下2点・鹿島神社

結鎮祭(けちんさい)　**蒸し飯**

鹿島神社の神霊を頭屋宅に迎え祀る結鎮祭。祭礼、渡御なども古式を残しており、神饌には三角錐と四角の２段重ねの大きな蒸し飯も供えられる。〔香芝市下田西〕

左下・御杖《みつえ》神社　秋祭り　牛の舌餅

長い餅を折りたたむようにして供える

上・諸鍬《もろくわ》神社　おんだ祭り　おんだ餅

赤、白、緑、黄色の四色の餅。祭りの最後に、この餅が参列者に撒かれる。〔葛城市弁之庄〕

左頁上・国津神社　ふる祭り　餅

頭屋からのお渡りで、スコなどとともに桶に入れて担いで神社へ

右下・廣瀬神社　砂かけ祭り　田餅

田と福の字を食紅で判押しした、五穀豊穣を願う餅。松苗とともに御供撒きで撒かれる。〔河合町川合〕

十二社神社　秋祭り　千本搗き

子どもの成長を願い、抱き上げて杵で餅を搗く。供えた後の御供撒きも賑やか。〔川上村高原〕

烏川《からすがわ》神社　豊穣祭　千本搗き

伊勢音頭に合わせ、ヨイソラ、ヨイソラのかけ声で子どもたちが餅搗き。この餅は神饌として供えられ、餅撒きも行われる。〔川上村東川（うのがわ）〕

野の幸、山の幸を供える

上・八阪神社　九日祭(くにちさい)

大神神社末社の同社で、10月9日に行う祭りの神饌。曲物桶の中央に生米を入れ、まわりに柿、シイタケ、ギンナン、ナス、ショウガ、コイモ、ザクロ、栗を盛りつける。３個作られ頭屋祭で供え、お渡りで神社に運ばれる。〔桜井市三輪〕

下・談山神社　嘉吉祭 百味の御食

百味の御食には手の込んだものが多いが、ザクロやアケビなどの野山の産物も供えられる

上・林《りん》神社　饅頭祭り

日本の饅頭の始祖・林浄因(りんじょういん)を祀る神社の祭り。饅頭のほか、フキノトウ、ナノハナなどの野草や、トマト、ナスビなど色とりどりの野菜も供えられる。〔奈良市漢国町〕

下・浄見原《きよみはら》神社　国栖奏《くずそう》

舞の奉納で知られる国栖奏の神饌は野趣に富む。根がついたままのセリも供えられる。〔吉野町南国栖／祭りの様子は78 ～ 79頁参照〕

神饌の多様なかたち

第2章では、「かたちの面白さ」に注目し、奈良県内の神饌の中からいくつかを紹介した。こうして見てみると、先人たちの神様に喜んでいただこうという思いや、かたちに込めたメッセージを感じる。串に野菜や木の実を刺すシンカン祭りの「七色の御供」のデザイン、そして、モチやメシなどをさまざまにかたどる神饌……。いずれも今ではどんな理由でこんな神饌を作るのか、多くの祭りではわからなくなってしまっている。もちろん古文書が残っていたり、いくつかの説が伝わっている祭りもあるが、はっきりと定まっているケースは少ない。

神饌を準備する方々に聞くと「一年に一度のことだから、記憶だけに頼っていると思い出せなかったり、間違えたりする」のが悩みだと言う。だから、写真で残したり、書き留めておくようにして、次の年へと引き継ぐ努力をしているとも。ご苦労を思いながらも、これまでの先人たちが伝えてきたことを、その理由はわからなくなっても、粛々と守っている姿勢には感激する。

また、章の後半で紹介したが、野山の幸の神饌を見ていると、自然の造形の多様さと美しさとに改めて気付かされる。人々は、野山で得た実りの「美」を供えているのかもしれない。

八幡神社（桃香野） 秋祭り

御供上げの列の先頭を行く芋頭皿。カエデの枝を添える

【新嘗祭《にいなめさい》のこと】

新嘗祭という大切な祭りがある。

もともとは宮中で行われていたもので、天皇が神田の初穂（新穀）を、神々に供え、ご自身も召し上がる儀式で、実りへの感謝と翌年の豊穣を願うものだ。『日本書紀』では、飛鳥時代の皇極天皇の時代に始まったと記されている。

旧暦では十一月の中の卯の日に執り行われていたが、明治六年の改暦以降は十一月二十三日となった。なお、天皇が即位して初めての新嘗祭は特に重要なもので、大嘗祭と呼ばれる。

奈良県内でも、橿原神宮、大神神社、春日大社、石上《いそのかみ》神宮など多くの神社で執り行われている。

上・橿原神宮　新嘗祭　〔橿原市久米町〕

下・大神神社　抜穂祭

神饌田の新穀を刈り取り、洗い米や餅の神饌に使われる

手向山《たむけやま》八幡宮　日供(にっく)

神饌の基本である米・塩・水と御神酒は、毎日欠かさず供えられる。〔奈良市雑司町〕

【神饌の基本】

神様のお食事である神饌の基本は、「米・塩・水」とされる。この三つは人間にとっても生きていくのに欠かせないものだ。

さらに、酒、野菜、果物、魚、菓子などを供える。いずれにしても新鮮なもの、季節のものを選ぶ。神様にできるだけおいしいものを召し上がっていただきたいと考えるからだ。家の神棚に、初物や旬のものなどを供えるお宅も多いのではないだろうか。

御神酒には、白酒、黒酒、濁酒、清酒の四種類がある。白酒、黒酒というのは聞き慣れないが、奈良時代の『万葉集』の歌にも登場する。神田で収穫した米を醸した白酒、その白酒に木の根を焼いた灰を混ぜた黒酒。かつては、大きな神社では境内で酒造を行い、小さな神社では氏子たちが酒造りをしていたという。

糸井神社　**秋祭り　ミキニナイ**

葉のついた柳の枝に御神酒と稲穂をつけたミキニナイ。他の神社でも類例が多く見られる。〔川西町結崎(ゆうざき)〕

[第3章] いのちを供える

神饌は大きく二つに分けられるという。
ひとつは火を加えるなど、調理した「熟饌《じゅくせん》」と、
もうひとつは生のまま供えるもので
「生饌《せいせん》」と呼ばれるものである。
ものの本によると、歴史的にはむしろ
「熟饌」のほうが古く、明治時代以降に
「生饌」が増えたという面があるというが、
奈良大和路の祭りでは、両方合わせて
供えられることも多い。この章では、
鳥や魚、さらに野菜や果物などに
手を加えずにそのまま供えられる
「生饌」について取り上げてみよう。

浄見原神社　国栖奏《くずそう》

毎年旧暦の正月14日に行われる。『日本書紀』の応神天皇の条に、国栖の人々が一夜酒と土地のもの、さらに歌舞を奉じたことに始まるとされる。神饌には毛瀰(もみ＝赤蛙)、土毛(どもう＝根芹)、腹赤の魚(ウグイ)、醴酒(こざけ)、山菓(くり)など。写真はウグイ。〔吉野町南国栖〕

❖姿のままを供える

上・春日大社 春日若宮おん祭 懸物

大宿所祭で雉と鯛、鮭が供えられる。昔はウサギやタヌキなども供えられていたそうだ

左頁上・浄見原神社 国栖奏 赤蛙

国栖奏の時にしか見られないもので、モミと呼ばれる

左中・大神神社　卵のお供え

神様が蛇に姿を変えて現れるという民間信仰があり、参拝者により境内のあちこちに蛇の好物である生卵が御神酒とともに供えられる

左下・素盞嗚《すさのお》神社　半夏生

この頃から成長著しい稲が、タコのようにしっかりと根を張るよう、半夏生にタコを供えたり、食べる慣わしがある。〔三郷町信貴南畑〕

村屋神社(境内摂社・久須須美神社)　三夜祭　懸鯛

向き合うタイの間にダイコンとニンジンが下げられる。恵比寿を祀る神社には同様のものが供えられることが多い。〔田原本町蔵堂(くらどう)〕

上・河上蛭子神社《かわかみえびすじんじゃ》

例祭 懸鯛

にらみ鯛とも呼ばれ、主祭神だけでなく境内の末社(廣田神社、伊稚神社、住吉神社)にも供えられる。〔奈良市川上町〕

下２点・秋留《あきどめ》八幡神社

鬼打式

大きなブリの頭を真ん中に丸餅、洗い米、塩、井桁に組まれた大根。神饌の前に「鬼」と書かれた的が立てられ、宮座の一郎(いちろう)が弓矢で射る。〔三郷町勢野西〕

上・氷室神社 献氷祭 氷柱

毎年全国の製氷販売業者がコイやタイを封じた氷柱を奉献する。〔奈良市春日野町〕

下・奈良豆比古神社 弓始め式 鮭

２尾のサケが１尾に見えるような盛り付け。撤饌されたサケは宮座の新年会で謡曲の「高砂」が謡われる中、まず長老に披露されてから宮座衆に振る舞われる。〔奈良市奈良阪町〕

【馬と雨】

絵馬といえば、願い事を書くための札状のものを思い浮かべる人が多いだろう。戦前までは、大きな板に絵や願主の名前を記し、奉納した。今でも拝殿などの壁に飾られている古い絵馬をよく目にする。現在発見されている最古の絵馬は、大阪難波宮跡から出土した飛鳥時代のもの。絵馬が使われる以前は、生きた馬を奉納し、祈っていたという。

すでに飛鳥時代の皇極天皇の時代の記録があるが、国家として、雨乞い、または長雨を止める願いを叶える際には、生きた馬が神に奉ぜられた。

雨を降らせてほしい祈雨には黒い馬、逆に雨が止んでほしい祈晴には白い馬が捧げられたという。

上・龍田大社　風鎮大祭　絵馬〔三郷町立野南〕　写真提供：龍田大社
下・丹生《にゅう》川上神社中社　水神祭　白馬・黒馬〔東吉野村小(おむら)〕

❖調理して供える

率川《いさがわ》神社
三枝祭（さいくさのまつり）　熟饌
食材そのままで手を加えずに供える生饌（せいせん）に対し、調理したものを熟饌（じゅくせん）と呼ぶ。古くは熟饌が主流だったといわれる。左右には白酒、黒酒が添えられる。〔奈良市本子守町〕

上・大神神社　鎮花祭

ササユリの百合根とスイカズラに桃の花を添えて供えられる。疫病封じの祭りでもあり、全国の薬業業者からの数多くの医薬品も奉納される。〔桜井市三輪〕

下・水谷《みずや》神社　鎮花祭

水谷神社は春日大社の摂社。満開のサクラが供えられる。社伝神楽や春日禰宜座(ねぎざ)狂言会による水谷狂言などが奉納される。〔奈良市春日野町〕

率川神社　三枝祭

山間部の農家からと境内で育てれられた三枝(ササユリ)が奉献され、黒酒白酒の入った罇(そん＝脚つきの曲桶)・缶(ほとぎ＝台付きの壺)と呼ばれる酒樽に飾られる

上・漢國神社　**鎮花・菖蒲祭**

御神酒を入れた罇(そん)を菖蒲で飾った神饌を、唐菓子やよもぎ餅などとともに供える。端午の節句にも由来するのか、菖蒲とよもぎが鳥居や境内末社の屋根などにも供えられる

左頁・飛鳥神社　**花切り**

地域の自治会などで運営される秋祭りの前に、古くからの宮座組織の講員により「花切り行事」としてつくられる梅の花の造花。祭神に菅原道真公を合祀するゆかりで梅であり、牛の像もある。〔奈良市北京終(きょうばて)町〕

［第4章］舞を供える、音を添える

奈良県内の神社では、
たびたび奉納舞、奉納演奏が行われる。
著名な方が行うこともあるが、
氏子が練習を重ね、お納めする場合もある。
神饌とは神様のお食事のこと。
この言葉からは外れてしまうが、
神様に喜んでいただくために…という思いは一緒である。
舞や音楽が印象的な祭りをいくつか紹介したい。

春日大社　春日若宮おん祭　社伝神楽

若宮様がお旅所に遷られた深夜未明に暁祭が行われ、
朝の御饌(みけ)をお供えし社伝神楽が奉納される

舞を供える

上・春日大社　春日若宮おん祭　**和舞**(やまとまい)

サカキの枝や桧扇を手に、虎皮の尻鞘で飾られた太刀を付けて舞う

左頁下・春日大社　春日若宮おん祭　**細男**(せいのお)

浄衣を来た舞人が白い布を目の下に垂らして舞う。全国でもこの祭りにしか残っていないという貴重なものだ。白い布の由来は神功皇后の故事にちなむ。筑紫の浜で、ひとりの老人が、「細男を舞えば磯良と申す者が海中より出て干珠、満珠の玉を献上す」と申し上げたので、細男を舞わせた。すると、磯良が出て来たが、顔に貝殻がついていたため覆面をしていたという

春日大社 春日若宮おん祭 **舞楽**

飛鳥時代から奈良時代にかけ、中国、朝鮮半島から伝えられた舞楽。ルーツによって左舞と右舞がある。おん祭では、左舞、右舞を一対にし、十曲を舞う。上は左舞の蘭陵王（らんりょうおう）、右頁は右舞の落蹲（らくそん）

奈良豆比古神社 **翁舞**（おきなまい）

能楽の原点と言われ、平成12年（2000）に国の重要無形民俗文化財に指定された。奈良時代、志貴皇子の第2皇子の春日王が病でこの神社に隠っておられたとき、ふたりの息子が病気平癒を祈って舞ったのが起源という。なお、使用される面は15世紀には使われていたと言われる古面で、普段は奈良国立博物館に保管されている

上・八幡神社 秋祭り 翁舞 〔奈良市月ヶ瀬桃香野〕

下・春日神社 申祭り 翁舞 〔山添村春日〕

天満神社　秋祭り　翁舞　〔奈良市興ヶ原(おくがはら)町〕

神と人とをつなぐ舞と音

祭りには舞、踊り、そして、音楽が伴うことが多い。なぜか。答えを探っているうちに、天の岩戸伝説に行き着く。天の岩戸に閉じこもってしまわれたアマテラスオオミカミ。世の中は闇に覆われ、悪いことばかりが起こった。困った神々が思いついたのが、アメノウズメノミコトに踊らせることだった。結果は大成功で、世の中は再び光で満ちた。そして、アメノウズメノミコトは芸能の神となった。

芸能のルーツは神にある。祭りとは、本来かけ離れた存在である神に、人が少しでも近づこうとする営みと言い換えてもよいのだとしたら、その距離を少しでも縮めたいと願い、時に静かに、時に激しく、舞い、踊り、歌い、奏でるのが芸能の本質といってよいのではないだろうか。

率川神社　三枝祭　うま酒みわの舞

率川神社の祭神は媛蹈鞴五十鈴姫命(ひめたたらいすずひめのみこと)など三神。三輪山の麓の狭井川のほとりにお住まいがあったとされ、ここにユリが美しく咲き誇っていたことから、三枝祭では、ササユリを酒樽に飾るようになったと伝わる。写真は、四人の巫女による神楽。「三枝の百合」を手に、あでやかに舞う

上・龍田大社

風鎮大祭　龍田神楽

風の神様を祀る龍田大社では、風鎮大祭はもっとも重儀とされ、龍田神楽や風神太鼓などが奉納される。夜には風神花火の奉納も行われる

下・村屋神社

秋祭り　太々神楽

太々神楽には数多くの舞が伝わる。写真は「一本剣の舞」。平安時代には猿楽など芸能に秀でた人々が、この神社の近くに住んでいたという。ヒョウシダ、ツツミウチなどの字名が今も残っている。〔田原本町蔵堂〕

天満神社 **初天神祭 篠原踊り**

300年(一説には500年)以上も守り伝えられてきたという。男は太鼓を打ち、女は扇を持って舞う。元は48曲あったと伝わる。神事では梅の古木踊り、宝踊り、世の中踊りが奉納される。オオカミよけに奉納されたのが始まりだとも伝わる。〔五條市大塔町篠原〕

浄見原神社 国栖奏

上・祭りの日、宮司を先頭に、会所から舞殿へと12人の奏者が向かう。参道は吉野川に沿った崖の上にある。写真は祭りを終えて参道を帰る様子で、祭りが行われる旧暦正月14日は雪になることも少なくない

下・笛翁。楽器はあらかじめ神前に献じられ、それを下げて舞と演奏が行われる

右頁上・右手を口元にあて、上体をそらして礼拝する「笑の古風」という所作

右頁下・舞翁は右手に鈴、左手に榊を持つ

上・丹生神社　秋祭り　ヨコトビ

同社はヨコトビ、スモウという芸能が行われることでも知られる。豊作を祈り、収穫の前に行われていたともいわれる田楽。東山中(ひがしさんちゅう＝奈良東部山間部)の神事で多く奉納されている。〔奈良市丹生町〕

下・九頭《くず》神社　秋祭り　ピッピラ

バタランバタラン、ピッピラ、コハイ、タチハイ、スモウといった田楽系の芸能、翁舞が行われ、その名前も面白い。〔奈良市下狭川町〕

上・神波多《かんはた》神社

秋季例祭　獅子神楽

〔山添村中峰山(ちゅうむざん)〕

下・門僕神社

秋祭り　獅子舞

〔曽爾村今井〕

音を添える

大和神社《おおやまと》　ちゃんちゃん祭り　御渡り

4月1日に行われることから、「祭りはじめはちゃんちゃん祭り、祭りおさめはおん祭」などとも。総勢200人もの行列で御旅所まで練り歩く。その際に鉦を「ちゃんちゃん」と打ち鳴らすことから、「ちゃんちゃん祭り」と呼ばれるようになったという。〔天理市新泉町〕

上２点・倭恩智神社　シンカン祭り

巫女が鳴らす鈴の音が場を浄めていく。舞に合わせ当屋の鳴らす太鼓の音から「チンチンドン」と呼ばれることもある。〔天理市海知町〕

上・畝火《うねび》山口神社　夏祭り

「お峯のデンソソ」の呼び名のほうが有名。祭りで打ち鳴らす太鼓の音が「デンソソ、デンソソ」と聞こえたからだという。他に柿本神社の「ちんぽんかんぽん祭り」、お鈴祓いの「シャンコシャンコ、湯立ての「シャゴシャゴ」など音が呼び名になっている祭りも少なくない。〔橿原市大谷町〕

上・石上《いそのかみ》神宮　例祭(ふるまつり)

旧田村(田町)にある御旅所へ渡御が行われる。御旅所祭における神楽・鈴の舞。〔天理市田町〕

［第5章］火を供える、水を供える

火も水もその場を浄め、携わる人々を浄めてくれる。
そもそも水は万物の命の始まり。
神饌には欠かせない重要なものである。
そして、火は、松明、燈明などのかたちで、
祭りの重要な要素となることが多い。
奈良大和路の祭りの中から、
火と水が印象的なものを集めてみよう。

大神神社　繞道祭（にょうどうさい）

元日未明から行われる。拝殿奥で切り出されたご神火が、大松明、手持ち松明へ移され、太鼓を叩き松明を担いで山麓の摂社末社十八社を巡拝する。

火を供える

往馬《いこま》大社　火祭り

古代、この神社のもともとの祭神は「火燧木神(ひきりきのかみ)」、すなわち火をきりだす木の神。火祭りの最大の見どころは火取りの場面(右頁)。ふたりの火取りが７段の石段をどちらが早く駆け降りるかを競い合う。その後ススキの穂で作ったゴムシ(御串)に点火しながら、ゴムシの火とともに境内を走り去る。〔生駒市壱分町〕

上・松明に火を燃え移らせる火出し役　下・火取りの松明からススキに火が燃え移った瞬間

右頁・八幡神社・春日神社　ほうらんや火祭り

東坊城町内の５地区と、隣接する古川町の６つの字から大小合わせて16個の大松明が奉納される。大きなものは直径1.5m、重さ450kgを超える。真夏の昼間の火祭りは、担ぎ手も観客も火傷せんばかりの勢いで勇壮。〔橿原市東坊城町〕

上・菅原神社　火祭り

集落の上地区と下地区から菅原神社まで燈登り(とのぼり)といわれる長く大きな松明を先頭にお渡りが行われ、神社の急な階段道を駆けあがる。松明は祭典の間本殿の左右に立てて灯し続けられる。〔宇陀市大宇陀田原〕

上・笛吹《ふえふき》神社　鎮火祭

火の神である火雷大神の心を鎮めるため、近年に復活された。切り出した火を奉納。合わせて独特の火を消す神事作法も行われる。〔葛城市笛吹〕

下・海積《わだつみ》神社　夏祭り

通称ボロソと呼ばれる祭り。小麦粉を酢で練ったボロソと言われるお供えをしていたのが名前の由来と伝わる。参拝者が夕暮れに家族の数だけ蠟燭を境内の灯籠などに灯す。〔葛城市太田〕

春日神社　唐傘祭り

雨乞立願の成就の際に、提灯が雨に濡れないよう唐傘をきせたのが由来という。昔は集落から神社への辻ごとに立てていたという。今は境内にずらりと並べて立てられ、各地区からの提灯台も飾られる。〔河合町大輪田〕

強い火、しなやかな水

火と水。祭りには欠かせないもので、どちらもすべてのものを浄める役目を果たすことが多い。だが、そのベクトルは正反対といっていい。熱さと冷たさだけでなく、火はどこまでも強く、水はどこまでもしなやか、なのだ。

大松明から舞い散る火の粉は、その火を扱う人々の緊張感と誇りあふれる気迫、激しさでもって、参列する私たちまでも浄めてくれる。

一方、水は無色透明ですべてのものに添う。湯立てという神事がある。ぐらぐらと沸いた釜の湯を、笹などを使って、激しく飛沫を飛ばす。

正反対の性質を持つ火と水。祭りで火と水を供える場面に出会うとき、だれもが心を揺さぶられる気がするのは、そのどちらもが、私たち人間が生きていく上で欠かせ

ないものであり、その両方を与えられたことへの感謝の思いがこみ上げてくるからではないだろうか。

鴨都波《かもつば》神社　ススキ提灯献灯行事
ススキ提灯の「ススキ」とは、稲藁の束を積み上げた稲積みのことで、提灯の形がそれに似ていることからの名称。夏祭り（7月16日）と秋祭りの宵宮（体育の日の前々日）で、氏子各地区から30基ほどの行列があり、奉納される。
〔御所市宮前町〕

水を供える

畝火山口神社　夏祭り

「お峯のデンソソ」の中心行事ともいえるお水汲みの神事。大淀町土田にある住吉神社近くの吉野川の水を畝火山口神社に御神水として供えられる

丹生川上神社（上社・中社・下社）

吉野・丹生川上水まつり

水の恩恵に感謝する水まつり。丹生川上神社三社（上社・中社・下社）の持ち回りで行われる。お供えした御神水を、ヒカゲノカズラを髪に飾った子供巫女と三社の宮司により釜に注がれる。その水で御湯立て神事も行われる

【田の神】

稲の籾種を蒔くときに豊作を祈り、田んぼの水口に神社やお寺でいただいたお札や弓矢などを、季節の花を添えて祀る。水口祭と呼ばれている。また田植えのときに供えられることもある。松苗などは春先に行われるおんだ祭でいただくことが多い。

上・桜井市小夫(おおぶ)。天神社のおんだ祭でいただいた「はなかずら」が畔(あぜ)に立てて供えられている

右下・吉野水分(みくまり)神社(吉野町吉野山)の御田植祭。翁の面をつけた田男が農仕事一連の所作を軽妙かつ厳粛に行う。写真は水口祭の所作

左下・奈良市田原の水口祭。お札や松苗などと季節の花が供えられている

左頁・天理市新泉町。松苗に季節の花が添えられている

【山の神】

山の守り神として祀られ、全国的なもののようだ。山の神は醜女《しこめ》だという。奈良では一月七日に行われることが多く、この日は山仕事をしてはいけないとする地域も多い。

東吉野村木津川（こつがわ）。山の神は自分より醜いものを好むといわれる。ここでは、木で作ったオコゼが供えられ、山道具のミニチュアやホウデン（男根を模したもの）も供えられる

上・山添村勝原。半紙の四隅に竹串を刺し、垂をつけ、ウラジロやユズリハを敷いた上に栗、ミカン、干し柿などを置くクラタテ

下・山添村菅生峯出。山仕事の安全を願い、ミニチュアの道具を供える。頭上の勧請縄には夫婦和合を表す陽陰の作りものが付けられている

［第6章］神饌ができるまで

神様に喜んでいただくために、神饌は神職や氏子が心をこめて準備する。

この章では、豪華な神饌で全国的に知られる談山神社・嘉吉祭の準備の様子と、倭恩智神社・シンカン祭りに携わるみなさんの思いについて取材した。

談山神社・嘉吉祭の神饌 倉餅の彩色
もち米二升を四角くまとめ、表面を四色に染める。倉の屋根を表しているという

この時期に手に入る美味をとりそろえる

～嘉吉祭の百味の御食

色とりどりの豪華な神饌「百味の御食」で知られる談山神社の嘉吉祭。この祭りは、毎年十月十一日に行われる。もともとは、南北朝時代の嘉吉元年（一四四一）、多武峰にご神霊が戻った日にちなんで、九月十一日に行われていた。だが、明治に入り、改暦されてから十月十一日に変更され、さらに現在のように十月第二日曜となった。

さて、祭りの準備は十月一日から始められる。「事始め」といい、近隣にお住まいの氏子十軒が、談山神社の社務所に集まり、神職とともに神事のだんどりや、祭りに必要な材料の調達先などの打ち合わせをする。

「御供盛り始め」は十月の第一日曜。氏子は斎戒沐浴をしたうえで、祭りの前日までの連日、夜七時ごろから談山神社社務所に集まり、お供えを整えていく。

取材でおじゃましたのは二〇一七年十月五日の午

大広間の様子。記憶と前年までの写真も参考に準備する

後八時ごろ。社務所の大広間に、長テーブルがずらりとおかれ、ざっと二十人ほどが作業を始めておられた。餅に色付けするグループ、盛物を作るグループ、トンボと呼ばれる飛行機のような形の団扇を作るグループ。そのうち一番多い十人ほどが取り掛かっているのが盛物作りだ。束ねたミョウガの茎に、果物や野菜をひとつずつ串で刺し、円筒形に盛り付けていく。高齢の方から、小学生、中学生、高校生の姿もあるが、時折、「これでよかったかなあ」「それが終わったら次はこれやって」などというやりとりがあるぐらいで、みなさんほとんどおしゃべりもせず、手を動かしている。

テーブルに並んだ果物や野菜は、エダマメ、ナツメ、カシの実、豆柿、姫リンゴ、シイタケ、サトイモ、ムカゴ、栗、ギンナン、ジャガイモ、ホオヅキ。

「この時期に手に入るおいしいものを集めます。基本的にこの近くの山や畑で採れるものがほとんどです」と案内してくれた広報担当・花房信音さん。「種類は年によって若干変わるんですよ。自然のものは手に入らない場合もありますから」。

現在はこれらの盛物三十台を含め、三十五種類合

盛物は上のほうを少し膨らんだ形に仕上げ、てっぺんにも野菜などを飾る

計五十台のお供えを準備するが、明治以前は五十台を二組、合計百台を献じたので、「百味の御食」と称されるようになったそうだ。ひと昔前までは、秋の実りだけでなく、春に採れる木の芽や筍などを塩ゆでにして保存したり、凍《し》み豆腐、こんにゃく、寒天なども作ったりして、結果的に百台以上のお供えがそろうこともあったそうだ。

他の部屋では、和稲《にぎしね》、荒稲《あらしね》が神職さんによって組まれていた。

まず和稲は、欠けのない白米を選び、赤、青、黄の食紅で染めて乾かしてから、木の棒を芯にして、米を一粒ずつ積み上げていく。その際、ウロコ型、マンジ型などの絵紋ができるよう、色付けした米を並べていく。実に根気のいる作業で、ひとりずつ別室で行う。

三日から和稲を作っているのは、二〇一七年九月に談山神社に奉職するようになったばかりの権禰《ね》宜《ぎ》・中村勇輝さん。

「一周の米の数が四十粒または五十二粒と決まっていて、一台で約三千粒の米を使います。一周ごとに和紙をはさんで糊付けしていくのですが、糊が多

荒稲に使う古代米の収穫祭

すぎても少なすぎてもうまく固定されません。大変ですが、神様にお供えするものですから、少しでも美しく仕上げていきたいです」と真剣な表情。

もう一種類の荒稲にかかっているのは権禰宜の花房兼輔さん。高さ十五センチというサイズは和稲とほぼ同じだが、こちらはヒゲ状のものがくっつけられている。「毛御供」とも呼ばれ、白色、黒色、赤紫色の三台作ることが多い。いずれも特別に栽培された古代米を使ったもので、ヒゲのように見えるのは籾米についている禾《のぎ》だ。黒米、赤米など、私たちが現在食べている古代米の籾は、これほど禾が長くない。そのため、荒稲用により原種に近いノギの長い古代米を栽培してもらっている。二〇一七年は高野山のふもとの丹生都比売神社近くの田んぼで作ってもらったものを奉納いただいた。こちらも一台につき、約六千粒の籾米を使う。こちらもまた気が遠くなるような細かい作業である。

祭り当日。権殿にずらりと並び、祭りを待つ「百味の御食」。材料を調達し、それぞれに準備をする過程そのものも一緒に神様へと捧げられてきたことを教えられる祭りである。

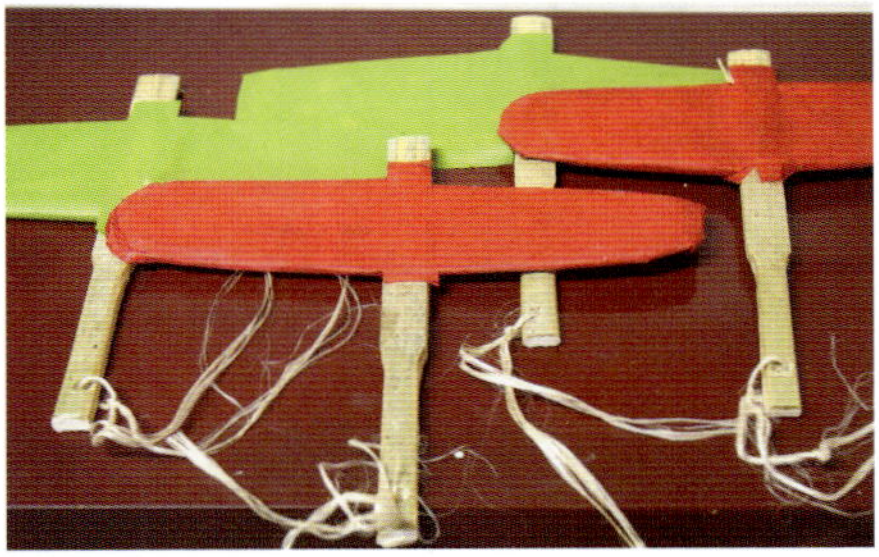

上・カエデの種子を模したという飛行機形の団扇も、竹ひごと紙で手作りし、カエデの枝につける

下・祭り当日の朝、権殿に並べられた「百味の御食」。神様にお使いいただく太い箸も用意される

餅、果物などを
竹串に刺して飾る神饌
～シンカン祭りの神饌づくり

倭恩智神社の「シンカン祭り」。このちょっと変わった名前の由来には諸説あるという。神幸《しんこう》祭りが転訛した、神竿《しんかん》祭からきている、この神事の座の献立に出るナスの芥《け》子《し》和《あ》えが「シンから辛い」からなど。だが、この祭りが宮座講(現在は住民)の講員の輪番制で行われることから、『一年神官』の名称が残ったという説が妥当であろうと『神饌』(岩井宏實、日和祐樹共著)にはある。

「地元でもこの祭りはカタカナで書くねえ。漢字は知らんなあ……」と話すのは氏子の奥田昭夫さんと澤田正巳さん。おふたりとも昭和二十四年生まれで、この町で生まれ育ち、ずっとこの祭りに関わってきた。

倭恩智神社がある天理市海知町は現在六十九戸。そのうち、神社の氏子は半数ほどの三十六軒で、さらにこの神社の祭りでもっとも大規模なシンカン祭

当家の庭先に忌竹(いみたけ)を立ててしめ縄が張られ、その中で神饌が作られる。これに先立ち神事が行われ、湯立て神事も行われる

りに関わるのは、さらにその半数ほどだという。

「このあたりは奈良県内でも古くから集落があった場所だといわれているし、このシンカン祭りも平安時代の『延喜式』にはすでに出てくるほど由緒もある」と奥田さんと澤田さんは誇らしげな表情だ。

まず祭りの日だが、数年前までは九月七～九日の三日と決まっていたが、今は年頭に氏子が話し合い、動かしてもよいことになった。九月の第一日曜を最終日にする日程が組まれることが多く、二〇一七年は九月九～十一日に行われた。

神饌は、三十八頁でも紹介した通り「七色の御供」「荷い餅」「杉皮餅(花御供)」。準備は、一日目の早朝五時ごろ、もち米を洗って水につけておくことから始まる。竹串を自分たちで竹を削って作る。細目の串は、唐のイモ(ズイキイモ)に七本刺し、それをカワラケに載せ、藁で十文字にくくる。これが「七色の御供」の土台になるのだ。夕方、大当家、小当家は装束に着替え、神主さんの祝詞、巫女さんが釜の湯を笹で振りまく御湯払いで場を清めてから、餅つきが始まる。このとき、当家が鐘と太鼓を叩くので、その音から「シンカン祭り」と呼ぶようになったと

上・杉皮餅
下・竹串の土台になるイモ、竹串に刺して飾る７種類の果物など

上・餅は測りながら丸めていく
下・竹串は見本をもとに36cmぐらいの細めの串と15cmぐらいの太めの串を作る

考える説もある。

さて、餅は重さも決まっていて、九十匁(三百三十七グラム)の丸餅十個、七十匁(二百六十二グラム)の丸餅四十個は竹串でつないで、「荷い餅」を作る。また、丸めず、ちぎっただけの「杉皮餅」も九十個作り、四寸(十二センチ)角の杉皮の上に九個ずつ並べる。

二日目は朝八時ごろから、「七色の御供」を仕上げる。土台のイモに、七種類の果物、木の実などを竹串で刺していくのだが、右から、柿、ミカン、モモ、ナシ、ミョウガ、栗、ナツメの順と決められている。さらに、折敷に下から「荷い餅」「杉皮餅」「七色の御供」と重ねたものを十膳作る。午後からのお渡りの行列で、この神饌は箱に入れて運ばれ、参列者が拝殿から本殿まで一列に並び、神饌を一膳ずつ手送りで供える。

本殿には七膳が供えられ、あとは境内の八幡社・春日社・稲荷社の各末社に一膳ずつ供えられる。祭りが終わった後、「荷い餅」は神主さんに一膳、巫女さんに一膳渡される。ほかは大小の当家で分けた後、神饌の準備を手伝ってくれた家に配る。

竹串を放射状にイモに刺していく

「七色の御供」の竹串に刺した果物などは、かつては川に流す風習があったが、現在は行われなくなった。環境への配慮ということである。

三日目は、朝から一升二合の蒸し飯を作り、素焼きの皿に丸く盛り、炊いた大豆を散らした「オコワ(蒸御供)」を五皿、甘酒、前日の「杉皮餅」を供える。祭りが終わると、甘酒はその場で振舞われる。

「この祭りの準備は男性が中心で、餅つきのときは女性は手出しができません。女性だけのお宅や単身の家庭には当家が回せない。みんな高齢になってきたし、続けるのはなかなか大変やな」と澤田さん。子どものころには、町の人が総出で準備し、にぎやかだったシンカン祭りはおふたりにとって大切な思い出であり、誇りでもある。「我々の世代で廃れていくのはさびしい」。そんな思いで、奥田さんが中心となり、祭りの準備や次第について写真や図面も入れてまとめたファイルは、毎年大小の当家が回ってきたお宅に重宝されている。

右上・七色の御供、荷い餅、杉皮餅を箱に詰める
右下・神饌の箱を担いで大当家を出発するお渡り行列
左・倭恩智神社の本殿での神事

［第７章］直会のよろこび

「神人共食《しんじんきょうしょく》」という言葉がある。
われわれ人間が食べるものと同じものを、
神様にもお食事として供え、神事を行う。
そして、神事のあと、祭りに関わった人々でお供えを
「お下がり」としていただく。直会《なおらい》である。

手を皿にしていただく、
串に刺したものを分ける……など
独特のいただき方がある。
直会について見てみよう。

杵築神社　今里の蛇巻き　直会
村の全戸を回ったあと、エノキのご神木に蛇を巻き付ける。直会は八大龍王祠の前で、今年の当家と頭（かしら）持ちと呼ばれる12歳から15歳の子どもたちで行われる。
〔田原本町今里〕

上・浄見原神社　国栖奏　直会

本殿とは別に国栖奏伝習所にも天武天皇を祀り、「スズリブタ」と言われる鶴亀を添えた盛物が、めでたい謡の中で参列者に披露し配膳される

下・国見神社　秋祭り　直会

お渡りのときに両手を挙げ「ワイノワイノワーイ」と言うことからワイノワイノ祭りとも(4～5頁写真参照)。当屋祭を終え、お酒も入ってすっかりリラックス。〔御所市原谷〕

右頁および上・春日神社　申祭り　直会

串に刺したこんにゃくなどとともに、三宝盛の柿、ミカン、餅をいただく。〔山添村春日〕

下・倭恩智神社　シンカン祭り　直会

スルメのみというところに特徴がある

上・杵築神社　今里の蛇巻き

蛇に酒を飲ませたあと、スエでくくった「ワカメの味噌煮」が振る舞われる。一説では蛇がとぐろを巻いた形を模しているとも

下・平等坊　野神祭り

ジャジャウマと呼ばれる野神祭り。藁で作った蛇とともに蛇塚まで巡行するが、その前に柏餅とチリメンジャコをいただく。〔天理市平等坊町〕

上・火幡《ほばた》神社 **宵宮祭**

参詣者は串こんにゃくで接待される。別名こんにゃく祭りとも言われる。〔王寺町畠田〕

下２点・八幡神社 **宵宮祭**

宵宮祭はじめ八朔などの祭りで、お下がりのご飯、こんにゃくや蒲鉾などの煮物を手に受けていただく。〔五條市東阿田町〕

ごくまき

祭りの最後にお供えの餅などを撒き、参列者に振る舞う。境内は歓声に包まれる

右頁・国津神社 ふる祭り

上・丹生川上神社中社 小川祭り

下・十二社神社 秋祭り 〔川上村高原〕

手向山八幡宮の日供

あとがき

祭事、民俗行事の取材をしていていると、神事の初めに上げられる神饌にまず目を引かれます。

お神酒やお米や餅など、続いて野山の幸や海川の幸と続くのが多いようですが、時に、お！ と思える特殊神饌と呼ばれるものなどもあります。

神饌について神社庁などで定める基準があるのかと調べてみても、どうやらこれでなければならないというものはないようで、それぞれの神社の故実によるものや伝承的に行なわれているものでもあるようです。

したがって、語弊あるやもですが、私が「おもしろい」と興味を持ったものを中心にまとめたのがこの本です。神社庁の公認のものでもありませんし、学術的なものでもありません。

今回は奈良大和の神社祭礼から、特殊神饌と呼ばれるものを中心に取り上げております。

奈良大和の祭事、神饌などはどちらかというと、静かでおとなしめの感があります。でも丁重さは他より感じられるものがたくさんあります。

また、本来の食べ物を中心とした神饌だけでなく、おもてなしの演出とも言える、舞、唄、火、水なども含め取り上げました。

神様には元来私欲のお願いごとをするというものではなく、荒ぶる神を鎮める、国土、民の安寧を祈るというものだと言われます。

「今年もおかげさまで野山の幸も海川の幸も得ることができました」と神様にその報告と感謝をし、捧げるのが神饌だと思われます。

同じことならその容器などにも飾りや化粧をして、演出もすればより喜んで頂けるだろうとのおもてなしの気持ちで、凝ったものが作られてきたのでしょう。

由緒や謂《いわ》れを尋ねても、民俗行事などでは、大方は昔からそうしてきたようだし、意味はわからん、との答えが多いものです。民俗伝承とはそういうものでもあります。それがまた私には興味津々なのであります。

なお、一冊にまとめるとなると、どうしても目を引く神饌を取り上げることになります。我々民はハレの日でもある祭礼の日に特殊神饌など目を引く神饌に興味を感じますが、多くの神社では毎朝に「日供」と呼ばれる神饌を上げておられます。神饌の基本とも言えるもので見落としてはなりません。それらは、水、米、塩、酒、餅など、多くが素朴な状態のものです。

こうした祭事や神饌などは、日本人の精神文化の形成に影響を与えてきた大きな要因であったのではないでしょうか。

近代化激しい時代で祭事も簡素化省略化される傾向がないでもありませんが、こうした文化の伝承は続いて欲しいと願うものです。

取材にご協力いただいた神社、氏子、地元の皆さまに感謝申し上げます。

野本暉房

奈良大和の祭り(神社行事)要覧

作成・野本暉房

※県内の神社行事、神事、民俗行事から抜粋したもので、全てを網羅しているわけではありません。(おんだ祭りや野神祭は他にも数多くあります。)
※大祭、例祭は特徴的なもの以外は割愛しています。新嘗祭や夏越祓えなどは多くの神社でも行われます。
※宵宮に行事が行われる神社も多く、この要覧では本宮か宵宮のどちらか一方を記載しているものもあります。また長期にわたるものもあります。
※祭りの名称は必ずしも正式なものではなく、通称の場合もあります。同種の祭事がある場合は「○○の」と地域名などを付して表示しているものもあります。
※おんだ、オンダなど、同種の祭事で読みは同じでも表記の違う場合がありますが、できるだけ現地取材に基づくようにしています。
※日程は、近年では新暦に変わったり、土日祭日に変更されているところもあります。定まらないものは直近の取材日を記しています。

1月　祭事・行事	主たる場所	日	所在地	特徴的な神事や奉納など	掲載頁
繞道祭	大神神社	1	桜井市三輪	摂社末社巡拝	86・87
御神火拝戴祭	率川神社	1	奈良市本子守町	御神火は大神神社から	
歳旦祭	(多くの神社)	1			
追鶏祭	往馬大社	1	生駒市壱分町	高座で鶏追う所作	
御神火	西河十二社神社	1	川上村西河	手松明で家まで持ち帰り	
春日大社神楽始式	春日大社	3	奈良市春日野町		
椣原の綱掛け	椣原	3	平群町椣原	男綱、女綱、龍田川に	
お弓始祭	大和神社	4	天理市新泉町	小笠原流百手式、鏑矢	
鹿路の綱掛け	天一神社	4日過ぎの日曜	桜井市鹿路	綱掛け、弓打ち	38
東明寺の綱掛、オンダ祭	東明寺・八坂神社	成人の日	大和郡山市矢田町	綱掛けとオンダ	
※綱掛け	(他の多くの神社でも)				
率川神社初戎	率川神社	5	奈良市本子守町		
南市初戎	恵比寿神社	5	奈良市南市町		
植槻八幡神社お田植祭	植槻八幡神社	7	大和郡山市植槻町	平成30年から拝殿で	
山の神	山添村、東吉野村、他	7	各地	クラタテ、山道具ミニチュア	100・101

明日香の綱掛け	飛鳥川	8・11	明日香村稲渕、栢森	稲渕―男綱、栢森―女綱	
弓祝式	烏川神社・運川寺	9	川上村東川	弓打ち、鬼打ち	
諸鍬神社おんだ祭り	諸鍬神社	9	葛城市弁之庄	四色のおんだ餅	42
天神社綱打ち	天神社	10日頃	広陵町広瀬	神社の森一周に綱	
大和神社おんだ祭	大和神社	10	天理市新泉町	子供牛役、子供巫女	
押熊八幡神社卦亭	八幡神社	11	奈良市押熊町	弓打ち、オンダ	
藤井の鬼打ち	三十八神社	13	天理市藤井町	大きな鬼的、氏子全員が射る	
トンド	（多くの神社）	14日中心に			
秋留八幡神社鬼打式	秋留八幡神社	16	三郷町勢野西	ブリの頭など	55
平尾のオンダ	平尾水分神社	18	宇陀市大宇陀平尾	古式、病封じの若宮さん人形	
弓始め式	奈良豆比古神社	20日過ぎの日曜	奈良市奈良阪町	宮座新年会、翁嫗飾り、鮭	56
桃香野の的打ち	八幡神社	20日に近い日曜	奈良市月ヶ瀬桃香野	新成人男子、70m先の湖岸の的	
若草山山焼き	若草山	第4土曜	奈良市若草山	山麓の野上神社で神事	
惣谷狂言	天神社	25	五條市大塔町惣谷	村人による狂言	
篠原踊り	天満神社	25日または第3日曜	五條市大塔町篠原	男―太鼓、女―舞	77
鹿島神社結鎮祭	鹿島神社	26	香芝市下田西	当屋から神社へ往復お渡り	41

2月　祭事・行事	主たる場所	日	所在地	特徴的な神事や奉納など	掲載頁
粥占い	登弥神社	1	奈良市石木町	竹筒に米、豆	
鬼追式	（多くの神社）	2			
節分祭	（多くの神社）	3			
春日大社節分万燈籠	春日大社	節分の日	奈良市春日野町	万燈籠	
手向山八幡宮御田植祭	手向山八幡宮	3	奈良市雑司町	古式	

飛鳥坐神社オンダ祭	飛鳥坐神社	第1日曜	明日香村飛鳥	和合の儀	
御朝拝式	金剛寺(自天親王神社)	5	川上村神之谷	後南朝ゆかりの儀式	
ト定祭	大神神社	5	桜井市三輪	相場占い、ソーメン踊り	
大神神社オンダ祭	大神神社	6	桜井市三輪	おもしろおかしく	
紀元祭	橿原神宮	11	橿原市久米町		
※紀元祭	(他の多くの神社でも)				
中山八幡神社結鎮座	中山八幡神社	11	奈良市中山町	座入り、オンダ	
三輪の初市大祭	恵比寿神社	初えびすの頃	桜井市三輪	御湯立て釜8台	
江包・大西のお綱祭り	素盞嗚神社・市杵島神社	11	桜井市江包、大西	男綱、女綱、入舟の儀	
砂かけ祭り	廣瀬神社	11	河合町川合	庭上の儀で砂かけ、田餅	42・134
子出来オンダ	六縣神社	11	川西町保田	子供あらし、女装、子出来	
小泉神社御田祭	小泉神社	11	大和郡山市小泉町	牛に砂かけ	
村屋神社御田祭り	村屋神社	11	田原本町蔵堂	古式	
小夫天神社おんだ祭	小夫天神社	17日直前の日曜	桜井市小夫	暴れ牛、的打ち	
九頭神社オンダ祭	九頭神社	17	奈良市下狭川町	社務所にて	
鏡作神社御田植祭	鏡作神社	21日に近い日曜	田原本町八尾	暴れ牛	
池神社おんだ祭	池神社	22日に近い日曜	田原本町法貴寺	村中の巡行も	
菅原天満宮御田植祭	菅原天満宮	25	奈良市菅原東町	子供が牛面、翁が田人役	
畝火山口神社オンダ祭	畝火山口神社	28	橿原市大谷町	おかめひょっとこ、ケンズイ	
※オンダ祭	(他の多くの神社でも)				
八阪神社華鎮祭	八阪神社	第4日曜	田原本町阪手	弓打ち、梅の弓	
国栖奏	浄見原神社	旧暦の1月14日	吉野町南国栖	舞翁、赤蛙など	45・50・51・53・78・79・113

3月　祭事・行事	主たる場所	日	所在地	特徴的な神事や奉納など	掲載頁
長尾神社オンダ祭	長尾神社	4	葛城市長尾	暴れ牛、子供早乙女	
調田のオンダ祭	調田坐一事尼古神社	6	葛城市疋田	境内回り	
談山神社八講祭	談山神社	12日に近い日曜	桜井市多武峰	鎌足公の大掛軸	
春日祭(申祭)	春日大社	13	奈良市春日野町	勅使、祭典は参道での拝観のみ	
春日大社御田植神事	春日大社	15	奈良市春日野町	八乙女田舞、神楽男田植歌	
筆祭り	菅原天満宮	春分の日	奈良市菅原東町	筆の炊き上げ	
椿祭り	玉列神社	最終日曜	桜井市慈恩寺	巫女の髪飾りに椿	

4月　祭事・行事	主たる場所	日	所在地	特徴的な神事や奉納など	掲載頁
ちゃんちゃん祭り	大和神社・稚宮神社	1	天理市新泉町、中山町	御旅所稚宮神社まで神幸	2・3・82・83
吉野水分神社御田植祭	吉野水分神社	3	吉野町吉野山子守	古式	98
瀧祭	龍田大社飛地境内岩瀬森	3	三郷町立野南	翌日放魚祭	
水谷神社鎮花祭	春日大社摂社水谷神社	5	奈良市春日野町	禰宜座による狂言も	60
鴨都波神社春祭り	鴨都波神社	5	御所市宮前町	御田植祭、町内巡行	
源九郎稲荷祭	源九郎稲荷神社	お城まつりの日曜	大和郡山市洞泉寺町	子供狐面行列	
春の神武天皇祭	橿原神宮	第1土・日曜	橿原市久米町	参道パレードなど	
春の大神祭、若宮神幸祭	大神神社	9	桜井市三輪	町内巡幸、時代装束	
後宴能	大神神社	10	桜井市三輪	能	
加守のオンダ祭	葛木倭文坐天羽雷命神社	第2土曜	葛城市加守	子牛誕生シーン	
談山神社神幸祭	談山神社	第2日曜	桜井市多武峰	一の鳥居まで隔年で神輿渡御	
五位堂のオンダ祭	十二社神社	上旬の日曜	香芝市五位堂	なぜか田植えの後に牛の所作	

大神神社鎮花祭	大神神社	18	桜井市三輪	百合根、スイカズラ	60
饅頭祭り	林神社	19	奈良市漢国町	菓子業者多数参列	45
オウレンゾ	多神社	第3日曜	田原本町多	各種奉納	
笠荒神四月大祭	笠山荒神社	28	桜井市笠	山道を神輿	
御田子・オンダ祭	下部神社	29	奈良市都祁吐山町	稚児弓打ち、乳幼児オンダ	
春のけまり祭	談山神社	29	桜井市多武峰	京都蹴鞠保存会	

5月　祭事・行事	主たる場所	日	所在地	特徴的な神事や奉納など	掲載頁
献氷祭	氷室神社	1	奈良市春日野町	コイやタイを封じた氷柱	56
汁かけ祭り	野口神社	5	御所市蛇穴	味噌汁かけ、蛇	
野依のオンダ	白山神社	5	宇陀市大宇陀野依	女装早乙女	
ジャジャウマ	熊野神社	5	天理市平等坊町	ノガミ行事、蛇	116
新泉の野神祭り	素盞嗚神社	5	天理市新泉町	藁の馬、牛、ムカデ	
往馬大社御田植祭	往馬大社	5	生駒市壱分町	オンダ祭	
矢部の綱かけ	矢部集落	5	田原本町矢部	ノガミ行事、お祝いの蛇綱巻き	
ひむろしらゆき祭	氷室神社	GW後の土・日曜	奈良市春日野町	かき氷	
播種祭	大美和の杜神饌田	12	桜井市三輪	神饌田に籾まき、水口祭	

6月　祭事・行事	主たる場所	日	所在地	特徴的な神事や奉納など	掲載頁
水神祭	丹生川上神社中社	4	東吉野村小	白馬黒馬、水関係業者多数	57
シャカシャカ祭り	八坂神社	5	橿原市上品寺町	ノガミ行事、蛇	
蛇巻き	杵築神社・八阪神社	第1日曜	田原本町今里、鍵	ノガミ行事、蛇	112・116
キョウ	八幡神社・東城、西城集落	第1土・日曜頃	川西町下永	ノガミ行事、蛇	

鎮花・菖蒲祭	漢國神社	5	奈良市漢国町	菖蒲、唐菓子	36・37・62
鎮華・三枝祭	漢國神社	17	奈良市漢国町	包丁式、笹百合	
三枝祭（ゆりまつり）	率川神社	16〜17	奈良市本子守町	笹百合、白酒黒酒、熟饌	58・59・61・74・75
大神神社御田植祭	大美和の杜神饌田	25	桜井市三輪	早乙女、田作男	
鷽替え神事	菅原天満宮	25	奈良市菅原東町	鷽のお守り交換	
すももの荒神さん	三宝大荒神	28	橿原市小綱町	すもも、浴衣で参拝	25
でんでん祭（神剣渡御祭）	石上神宮・神田神社	30	天理市布留町	渡御、お田植神事	
夏越の祓え	大和神社	30	天理市新泉町	ひと形祓え、茅の輪	
※夏越の祓え	（他の多くの神社でも）				

7月　祭事・行事	主たる場所	日	所在地	特徴的な神事や奉納など	掲載頁
半夏生	素戔嗚神社	1	三郷町信貴南畑	タコ	53
※半夏生	（他の多くの神社でも）				
ボロソ（夏祭り）	海積神社	1	葛城市太田	宮司お鈴、参拝者ローソク献灯	92
風鎮大祭	龍田大社	第1日曜	三郷町立野南	風神花火奉納	57・76
泣き相撲	天水分神社	第1日曜	天川村川合	子供にもシコ名	
七夕祭り	棚機神社	7月7日	葛城市太田	境内に七夕の笹多し	
※七夕祭り	（他の多くの神社でも）				
御所の献灯行事	鴨都波神社	16	御所市宮前町	約30基のススキ提灯行列	
十二振提灯	笛吹神社	17	葛城市笛吹	十二振提灯奉納	
祇園まつり	津島神社	17日以降の土・日曜	田原本町	演芸行事など多彩	
※祇園祭り	（他の多くの神社でも）				
丹生川上水まつり	丹生川上上中下社持ち回り	海の日前日	川上村、東吉野村、下市町	御神水、白馬黒馬	97

祭事・行事	主たる場所	日	所在地	特徴的な神事や奉納など	掲載頁
桃尾の滝開き	桃尾の滝	第3日曜	天理市滝本町	紙ぬさ	
お峯のデンソソ	畝火山口神社	28〜29	橿原市大谷町	吉野川水汲み、御神水など	85・96
御祓(おんぱら)祭	綱越神社	30〜31	桜井市三輪	花火大会、演芸大会	
野口ったん	国津神社	不定期	桜井市箸中	ノガミ行事、牛と農具の絵	

8月

祭事・行事	主たる場所	日	所在地	特徴的な神事や奉納など	掲載頁
七夕祭り	天河神社	旧暦の7月7日	天川村坪内	供養灯火、七夕護摩供	
ちゃんごかんご(法悦祭)	元安楽寺境内	14〜15	川上村高原	太鼓打ち回し	
春日大社中元万燈籠	春日大社	14〜15	奈良市春日野町	境内、参道に万燈籠	
献燈祭	談山神社	14	桜井市多武峰	吊燈籠、石燈籠に灯火	
千燈明	往馬大社	15	生駒市壱分町	神楽湯立て、湯でなく切り幣	
ほうらんや火祭り	八幡神社・春日神社	15	橿原市東坊城町	大松明	90
阿礼祭	賣太神社	16	大和郡山市稗田町	阿礼様音頭	
大柳生の太鼓踊り	大柳生集落	不定期	奈良市大柳生町	(現在休止中)	
愛宕祭	八木町	23〜25	橿原市八木町	立山、町家の祭壇	
立山祭り	大垣内	24	広陵町三吉大垣内	世相反映の立山	
檜原祭	檜原神社	28	桜井市三輪	境内で直会	

9月

祭事・行事	主たる場所	日	所在地	特徴的な神事や奉納など	掲載頁
しし祭り(ハナナガ)	四社神社	9	御杖村菅野	長い鼻の面を付け村内周り	
豊穣祭	烏川神社	10日に近い日曜	川上村東川	千本搗き	43
采女祭	猿沢池畔	中秋	奈良市登大路町	管絃船(龍頭・鷁首)、花扇	
観月祭	大神神社	中秋	桜井市三輪	巫女神楽、舞楽	

※観月祭	（他の多くの神社でも）				
子供相撲	三柱神社	15	橿原市膳夫町	子供相撲	
御火焚き祭	一言主神社	15	御所市森脇	神降神事	
宵宮祭	火幡神社	16	王寺町畠田	宵宮にこんにゃくの振る舞い	117
笠荒神九月大祭	笠山荒神社	28	桜井市笠	山道の神輿	
紅しで踊り	大和神社	23	天理市新泉町	女性、子供の紅しで踊り	
生駒山口神社秋祭り	生駒山口神社	28～10月12日	平群町櫟原	オハキツキ、御渡り	

10月

祭事・行事	主たる場所	日	所在地	特徴的な神事や奉納など	掲載頁
高原の秋祭り	十二社神社	1	川上村高原	千本搗き、餅まき	43・119
花切り行事	飛鳥神社	6	奈良市北京終町	宮座行事、梅の造花	63
小川祭り	丹生川上神社中社	7	東吉野村小	太鼓台練りあい	119
シンカン祭り	倭恩智神社	第1日曜が最終日	天理市海知町	七色の御供	38・84・108～111・115
翁舞	奈良豆比古神社	8	奈良市奈良阪町	翁舞	70・71
神事相撲	奈良豆比古神社	9	奈良市奈良阪町	神事相撲	40
九日祭	八阪神社	9	桜井市三輪	早朝のお渡り	44
村屋神社秋祭り	村屋神社	9～10	田原本町蔵堂	太々神楽	76
国見神社秋祭り	国見神社	9	御所市原谷	ワイノワイノワーイ唱和	4・5・113
高鴨神社大祭	高鴨神社	10～11	御所市鴨神	寿々伎提灯奉納	
例祭夕座	氷室神社	11	奈良市春日野町	舞楽	
八幡神社例大祭	八幡神社	11～12	奈良市東九条町	お渡り、花御供	20・21
玉列神社例祭	玉列神社	12	桜井市慈恩寺	巫女の頭飾りに椿	
題目立	八柱神社	12	奈良市上深川町	語り物	

神事芸能	山添村	12～13頃	山添村北野、的野、室津他	神事芸能	
御所の献灯行事	鴨都波神社	体育の日前々日	御所市宮前町	大神輿、約30基のススキ提灯	94・95
下永秋祭り	八幡神社	体育の日前日	川西市下永	お仮屋、奉幣神事、神饌多数	19
火祭り	往馬大社	体育の日前日	生駒市壱分町	火取り、献饌など競争、ベンズリ	25・88・89
門僕神社秋祭り	門僕神社	体育の日前日	曽爾村今井	獅子舞、スコ上げ	27・32・33・81
角刺神社十二振り提灯	角刺神社	体育の日前日	葛城市忍海	十二振り提灯奉納	
桃俣の秋祭り	春日神社	体育の日前日	御杖村桃俣	獅子舞	
倭文神社蛇祭り	倭文神社	体育の日	奈良市西九条町	人身御供、矢相撲	22・28～31
田口水分神社例祭	田口水分神社	体育の日	宇陀市室生下田口	獅子舞	
狭川の秋祭り	九頭神社	体育の日	奈良市下狭川町	お渡り、神事芸能	80
龍穴神社秋祭り	室生寺・龍穴神社	14	宇陀市室生	室生寺からお渡り、獅子舞、スコ	34
東阿田の秋祭り	八幡神社	15	五条市東阿田町	七つ御膳	39・117
ふるまつり	石上神宮	15	天理市布留町、田町	渡御、御旅所祭	85
吉野山秋祭り太鼓台	吉野山	15	吉野町吉野山	山道練り歩き	
水越神社秋祭り	水越神社	第2土・日曜	奈良市邑地町	神事芸能	
興ヶ原天満神社の翁舞	天満神社	第2土曜	奈良市興ヶ原町	翁舞	73
八阪神社当家祭	八阪神社	第2日曜	奈良市山町	お渡り、女性の御供運び	23
引き合い餅	川合八幡神社	第2日曜	御所市古瀬	ゴクツ、相撲奉納	
嘉吉祭	談山神社	第2日曜	桜井市多武峰	百味の御食	10～17・26・44・102～107
岳祭り	波宝神社	第2日曜	五條市西吉野町夜中	お渡り、日の丸御幣	
廣瀬神社秋祭り	廣瀬神社	中旬の土曜	河合町川合	太鼓台宮入り	
斑鳩神社秋祭り	斑鳩神社・法隆寺	中旬	斑鳩町法隆寺山内	法隆寺境内で神輿の練りあい	
石打の太鼓踊り	八幡神社	中旬	奈良市月ヶ瀬石打	頭にシナイ	

いさめ踊り	海神社	第3土曜	宇陀市室生大野	太鼓踊り	
天王祭	神波多神社	第3土・日曜	山添村中峰山	お渡り、獅子神楽	81
高山八幡宮秋例祭	高山八幡宮	第3日曜	生駒市高山町	宮座行事、神饌多数	19
夜支布山口神社秋祭り	夜支布山口神社	第3日曜	奈良市大柳生町	お渡り、ガクウチ	
興喜天満神社秋祭り	興喜天満神社	第3日曜	桜井市初瀬	長谷寺参道を太鼓台	
水分神社秋祭り	宇太水分神社	第3日曜	宇陀市菟田野古市場	芳野水分神社からの渡御	
龍田大社渡御祭	龍田大社	第3日曜	三郷町立野南	7台の太鼓台宮入り	
唐傘祭り	春日神社	19日以降の土・日曜	河合町大輪田	提灯に唐傘、提灯台	93
桃香野八幡神社秋祭り	八幡神社	20日に近い日曜	奈良市月ヶ瀬桃香野	御供上げ、能、子供狂言	24・46・72
抜穂祭	大美和の杜神饌田	20	桜井市三輪	神饌田で刈り取り	47
丹生神社秋祭り	丹生神社	21	奈良市丹生町	神事芸能	80
秋の大神祭	大神神社	24	桜井市三輪	多数の神輿宮入り	
玉置神社例大祭	玉置神社	24	十津川村玉置川	弓神楽	
花笠祭り	小名牟遅神社・春日神社	25	吉野町小名	当屋の門先に花傘	
宮講祭	三柱神社	下旬	橿原市膳夫町	豆、穀類の神饌多数	18
なもで踊り	飽波神社	第4土曜	安堵町東安堵	雨乞い踊り	
糸井神社例祭	糸井神社	第4土・日曜	川西町結崎	奉幣神事・頭屋儀式	49
龍口白山神社秋祭り	龍口白山神社	第4日曜	宇陀市室生龍口	当屋祭、獅子舞	
田原の火祭り	菅原神社	第4日曜	宇陀市大宇陀田原	大松明(トノボリ)当屋から神社へ	91
四社神社秋祭り	四社神社	第4日曜	御杖村菅野	獅子舞	
土屋原の秋祭り	春日神社	10月最終の日曜	御杖村土屋原	菊餅	25

11月　祭事・行事	主たる場所	日	所在地	特徴的な神事や奉納など	掲載頁
戸立祭	櫛玉比女命神社	2〜3	広陵町弁財天	だんじり拝殿へ突進宮入り	
墨坂神社秋祭り	墨坂神社	3	宇陀市榛原萩原	神輿練りあい	
ふる祭り	国津神社	3	奈良市都祁白石町	山高帽、スコ、御供撒き盛大	1・35・43・118
秋のけまり祭	談山神社	3	桜井市多武峰	京都蹴鞠保存会	
神末祭り(秋祭り)	御杖神社	第1日曜	御杖村神末	お当渡し、神輿巡行、芋鉢	27・42
国王神社例祭	国王神社	上旬	十津川村上野地	武者行列	
女座(十二日座)	高龗神社	12	桜井市北白木	女性の座	41
酒まつり	大神神社	14	桜井市三輪	樽酒のふるまい	8
鎮火祭	笛吹神社	15	葛城市笛吹	火の切り出し、消火	92
談山神社例大祭	談山神社	17	桜井市多武峰	舞楽	
蛭子神社例祭	河上蛭子神社	20	奈良市川上町	懸鯛	55
新嘗祭	橿原神宮	23	橿原市久米町	かけちから、久米の舞	47
※新嘗祭	(他の多くの神社でも)				
吐山の太鼓踊り	下部神社	23	奈良市都祁吐山町	小学生も参加	

12月　祭事・行事	主たる場所	日	所在地	特徴的な神事や奉納など	掲載頁
亥の子暴れ祭り	高田集落、山口神社	第1日曜	桜井市高田	お仮屋壊し、灯消し、膳暴れ	40
お火焚祭	石上神宮	8	天理市布留町	願串の炊き上げ	
春日若宮おん祭	春日大社若宮神社	15〜18	奈良市春日野町	お渡り式、御旅所祭他	26・52・64〜69
春日神社申祭り	山添春日神社	中旬の申の日	山添村春日	翁舞、狂言、直会	24・72・114・115
亥の子祭り	——	中旬亥の日頃	高取町、明日香村他	ドデンコ、玄関で亥の子の唄	

さるまつり	別所下の坊	23	天理市福住町	モリさんでしめ縄掛け	
三夜祭	村屋神社(久須須美神社)	23	田原本町蔵堂	懸鯛	54
フクマルコッコ	伊豆七条	31	大和郡山市伊豆七条町	子供門先でフクマルコッコ唱和	
フクマル行事	――	31	山添村、宇陀市他	灯火やトンドで福よ来いと	
春日大社大祓式	春日大社	31	奈良市春日野町	祓戸神社前	
※大祓式	(他の多くの神社でも)				
護国神社御火焚き	奈良県護国神社	31〜1月1日	奈良市古市町	年越しのトンド	
※御火焚き	(他の多くの神社でも)				
トンド・御神火	西河十二社神社	31〜1月1日	川上村西河	御神火を手松明で持ち帰り	

廣瀬神社の砂かけ祭り取材中。砂をしっかり浴びました
（撮影・写友の吉崎喜寿氏）

［著者紹介］

野本暉房（のもと・てるふさ）

1940年、大阪府生まれ。写真家。一般企業に勤務の傍ら趣味で写真を始め、1968年頃から各種コンテストに応募、アサヒカメラ年度賞（1970年・自由写真の部、1972年・課題写真の部、1973年・カラー写真の部）、シュピーゲル賞（1973年）はじめ、受賞・入選多数。2000年より写真家として奈良大和の風景、祭事の撮影に専念し、独特の視点と優れた取材力による魅力的な写真作品で注目を集め、書籍・雑誌・WEB等で盛んに掲載される。2009年に写真集『奈良大和の祭り』（東方出版）を刊行し、2010年には「入江泰吉賞（日本経済新聞社賞）」を受賞。個展多数開催。日本写真家協会（JPS）会員。奈良民俗文化研究所研究員。奈良県河合町在住。

倉橋みどり（くらはし・みどり）

1966年、山口県生まれ。編集者・ライター。俳人（俳人協会幹事、『晨』同人）。山口県立山口女子大学国文科卒業。地域文化誌『あかい奈良』の編集長を経て、現在、奈良きたまちのアトリエ「踏花舎」を拠点に雑誌・新聞での企画・執筆を手がける一方、奈良の文化や歴史を発信する「ＮＰＯ法人 文化創造アルカ」の代表として講座やイベントを実施。また、カルチャーセンター各社で京都・奈良の散策講座、俳句講座の講師も担当する。入江泰吉旧居コーディネーター、武庫川女子大学非常勤講師。著書に『北を見るひと』（角川学芸出版）、『奈良を愉しむ　奈良の朝歩き、宵遊び』（淡交社）他。奈良市在住。

鹿谷 勲（しかたに・いさお）

1952年、大阪府生まれ。東京都立大学人文学部史学科卒業。奈良県教育委員会文化財保存課専門技術員（無形文化財・民俗文化財担当）、奈良県立民俗博物館学芸課長を歴任の後、奈良民俗文化研究所を設立し、公開講座を積極的に実施。民俗芸能学会評議員、日本民俗学会会員。花園大学、帝塚山大学、京都橘大学で講師。著書に『やまと　まつり旅—奈良の民俗と芸能』（やまと崑崙企画）、『奈良民俗紀行 西大和編』（京阪奈情報教育出版）他。奈良市在住。

神饌 供えるこころ 奈良大和路の祭りと人

2018年3月16日 初版発行

写 真 野本暉房
文 倉橋みどり
序 鹿谷 勲
発行者 納屋嘉人
発行所 株式会社 淡交社
本社 〒603-8588 京都市北区堀川通鞍馬口上ル
営業（075）432-5151 編集（075）432-5161
支社 〒162-0061 東京都新宿区市谷柳町39-1
営業（03）5269-7941 編集（03）5269-1691
www.tankosha.co.jp
装 幀 井上二三夫
印刷製本 図書印刷株式会社

ISBN978-4-473-04240-8